PRÉFACE.

Une préface pour un vaudeville! Pourquoi pas? S'il y a quelque chose d'ambitieux, il y a aussi un but d'utilité.... pour l'auteur.

Tout est relatif; et il est permis aujourd'hui de comparer les petites choses aux grandes. Victor Hugo n'a jamais publié un drame sans le faire précéder d'une de ces préfaces qu'on a appelées *monumentales*, et qui mériteraient aussi bien le titre de *gigantesques*. Celle du *Roi s'amuse* a quatre vingt dix-sept pages. Il a voulu prouver que ce *drame était profondément moral et sévère. Personne ne me démentira*, dit-il.

L'auteur de ce vaudeville voudrait bien prouver que sa pièce est excellente; il craint d'être démenti. Il veut seulement avertir le public, si toutefois le public daigne s'occuper plus long-temps de pareille futilité, que l'intrigue en est prise dans un conte de Marmontel dont voici la courte analyse: Bélise, jeune veuve, est toujours mécontente de la façon dont elle est aimée; un jeune magistrat, d'abord très bien accueilli chez elle, a le malheur de marcher sur la pate du chien favori en se jetant aux genoux de Bélise; il est congédié.

Lindor, jeune officier, a touché son cœur; il part pour l'armée où il a la maladroite pensée de vouloir éprouver la fidélité de sa maîtresse; il lui écrit qu'il a perdu un œil dans le dernier combat; Bélise répond qu'elle ne se sent pas la force d'aimer un *borgne* et engage Lindor a l'oublier. Elle finit par épouser un philosophe campagnard. La seconde partie du conte seulement a été mise ici à contribution. Les péripéties et les personnages autres que les deux amoureux, sont d'invention.

Cet ouvrage est livré à l'impression pour répondre au désir de quelques personnes qui n'ont pu assister à sa représentation et pour faire connaître les rôles principaux qui ont été mal rendus; celui du capitaine Sainval, qui doit dominer les autres personnages par beaucoup d'aplomb, de verve, de gaîté, n'a pas seulement été mal joué, il a été dénaturé. Le public s'en est heureusement aperçu, il a bien voulu applaudir la pièce et blâmer l'acteur. C'est plus qu'un succès d'estime dont l'auteur doit se montrer reconnaissant; il est d'autant plus flatteur pour lui qu'il est très difficile, comme l'a dit le Journal le *Babillard*, au sujet de cette représentation, d'être prophète en son pays.

Ses amis lui ont reproché deux choses : d'avoir fait du *Bonapartisme* et des *Calembourgs ;* qu'on veuille bien se rappeler que l'action se passe en 1814, alors que Napoléon luttait contre un million d'hommes de toutes les nations, et qu'on sache que les principes politiques de l'auteur n'excluent pas le patriotisme. Les soldats déclamateurs sont un peu usés au théâtre ; si le *Garde d'honneur* avait paru dans son temps, il aurait peut-être fait sensation ; ce vaudeville fait en une semaine et destiné à un grand théâtre, a vieilli, en portefeuille, 15 ans ; voilà le mal, peut-être. Il a un grand nombre de frères qui, plus timides que lui, ne se hasarderont jamais dans le monde.

Quant aux calembourgs ; c'est une petite débauche d'esprit qu'on doit pardonner à cause de la circonstance ; une fois n'est pas coutume ; le comique qui a joué le rôle de *Lambin* et qui est, sans contredit, le meilleur de la troupe, n'avait que quelques lignes à dire. Son rôle a été improvisé, et il fallait le rendre un peu plaisant, ne pouvant le lier tout-à-fait à l'action.

Lunel, février 1840.

EUG. DE B.

LE GARDE D'HONNEUR,

COMÉDIE-VAUDEVILLE EN DEUX ACTES.

PERSONNAGES :

ALFRED, Garde d'Honneur.
SAINVAL, Capitaine d'Alfred.
SOPHIE de Merville, jeune veuve.
JUSTINE, suivante de Mme de Merville.
DUPONT, son mari, jardinier du château.
LAMBIN, Garçon jardinier.
Un 2e Garçon jardinier.
Gardes d'honneur, Villageois.

La scène se passe en Champagne, à la fin de 1813 et au mois de mars 1814.

ACTE PREMIER.

Le théâtre représente un jardin bien décoré, à la gauche de l'acteur un bosquet et un banc; à droite, une serre avec des vases de fleurs. Sur le même côté, au fond du théâtre, un château d'une belle apparence.

SCÈNE I.

DUPONT, *occupé à ratisser les allées.*

C'est fatiguant, tout de même, quand on a perdu l'habitude du travail de la terre, on a un peu de peine à s'y remettre, moi qui viens de passer dix ans sous les armes, là... Comme çà, la tête droite, les épaules effacées, les genoux tendus, ... ah! ce n'est plus çà, tout de même *(il montre sa jambe droite)*: à celle-là il manque quelque chose à l'appel.

AIR : *Vaudeville de la robe et les bottes.*

J'étais sergent et zélé militaire,
Mon commandant, ancien dans le métier,
M'disait : Dupont, à la prochaine affaire
Tu passeras, j'en suis sûr, officier.
J'arrivais donc à l'épaulette,
J'me voyais... colonel enfin;
Mais un boulet fort malhonnête
S'en vint m'arrêter en chemin. *(Bis).*

Et me voilà soumis à un autre exercice! *(montrant son outil.)* Je n'ai fait que changer de capitaine, après tout; toujours réduit à l'obéissance passive, *(avec une sorte de mystère.)* Je viens de me marier. Oui, Justine femme de chambre de Mme de Merville maîtresse de ce château, n'a pas été effrayée de l'inégalité de ces conditions. *(montrant sa jambe.)* Aussi, j'adore ma petite femme; et quoique de mauvais plaisans prétendent qu'elle a tort de prendre un mari qui ne bat plus que d'une aile, je me sens capable de la rendre heureuse; et quand aux inconvéniens du métier, nous verrons tout de même.

AIR : *Un homme pour faire un tableau.*

On dit qu'il est dans cet état
Des dangers de plus d'une sorte,
Pour d'autres soit; moi, vieux soldat,
Je saurai bien garder ma porte.
Oui, jardinier de ce château,

Sur le qui vive, je me charge,
Si j'aperçois un damoiseau,
De le faire passer au large.

Voici ma chère Justine, elle est gentille tout de même.

SCÈNE II.

DUPONT, JUSTINE.

JUSTINE.

Te voilà bien gai, ce me semble.

DUPONT.

Je parlais de ma petite femme.

JUSTINE.

Tout seul ?

DUPONT.

Pour tromper l'ennui de l'absence : *(il lui donne un bouquet de fleurs qu'il avait déposé sur une fenêtre de la serre).*

JUSTINE.

En sera-t-il toujours de même ?

DUPONT.

Je l'espère.

JUSTINE.

Air : *Comme il m'aimait.*

Toujours ainsi, *(bis).*
Est le début du mariage ;
Mais !....

DUPONT.

Il durera, dieu merci !

JUSTINE.

Moi, je l'espère bien aussi.

ENSEMBLE :

Évitons le moindre nuage,
Et vivons dans notre ménage
Toujours ainsi.

JUSTINE.

Voici l'heure où Mme de Merville, notre bonne et jeune maîtresse, vient faire sa promenade accoutumée ; quoique nous soyons en hiver, cette allée est si bien abritée par la serre, qu'on dirait que le printemps a fixé son séjour dans ce jardin.

DUPONT.

En Champagne il ne gèle pas comme en Russie ; l'année dernière à pareille époque, je n'étais pas occupé à cultiver des fleurs, je t'assure.

JUSTINE, *souriant.*

Ne vas-tu pas encore me raconter tes campagnes ?... Je les sais toutes par cœur.

DUPONT.

Sois tranquille, ma petite Justine, je ne les raconterai plus que dans les grandes occasions. Mais, dis-moi, depuis quelque temps je remarque chez Mme de Merville un certain air rêveur...

JUSTINE, *de même.*

Comment, tu as remarqué cela ? Et, en as-tu deviné le motif ?

DUPONT.

Je commence à comprendre pourquoi Madame m'avait chargé, en confidence, d'une commission

JUSTINE.

D'une commission, en confidence !.. Comment, M Dupont, et vous ne m'en avez rien dit?

DUPONT.

Puisque c'était une confidence ; une confidence, vois-tu, c'est comme le mot d'ordre pour le soldat ; ça ne doit pas sortir de là, que le lendemain, après la bataille.

JUSTINE, *finement.*

Et, la bataille n'est pas finie ?

DUPONT.

Je la considère comme perdue, et je crois que je puis te confier le mot d'ordre, et puis ça me pesait, tout de même.

JUSTINE.

Voyons

DUPONT.

J'étais occupé comme de coutume, à soigner mes plate-bandes, et Madame me regardait travailler ; oh ! je n'étais pas gêné dans mon travail, je me trouve aussi à mon aise quand elle me regarde, que lorsque je tirais un coup de fusil en présence de mon général.

JUSTINE.

Au fait, au fait.

DUPONT.

Le voici présent ; Madame me dit : Dupont, vous avez servi et vous ne devez pas avoir lieu de vous en applaudir. Comment ça, Madame ? —Vous êtes estropié.— Oh ! lui répondit-je, ce n'est rien ; on paye quelquefois plus cher l'honneur de servir son pays, et il me reste encore assez de forces pour les consacrer au service de Madame. Enfin, après quelques hésitations, elle me chargea de chercher à dégoûter M. Alfred, son jeune cousin, de son goût prématuré pour les armes. Je ne comprenais pas trop d'abord ; M. Alfred est jeune, mais on ne peut pas l'élever comme une demoiselle. Cependant, je devais m'acquitter de la commission ; nous avons tant d'obligations à cette bonne Madame de Merville! chaque fois que notre jeune homme venait me faire parler de mes batailles, je lui fesais un tableau affreux de la guerre ; je lui expliquais tout, les charges de cavalerie, le siége d'une ville, les bombes, la mitraille... tout le tremblement.

JUSTINE.

Eh bien?

DUPONT.

Eh bien, il faut croire que je fesais bien mal la commission de Madame, car je voyais M. Alfred, à chaque récit, augmenter d'enthousiasme ; je veux partir ! disait-il ; je veux aller combattre ! je veux aussi gagner la croix d'honneur !.. et, ce que tu sais, comme moi, c'est qu'il vient de s'engager dans les gardes-d'honneur.

AIR *De lantara.*

De ta maîtresse, je t'assure,
Ignorant le secret dessein,
Pour réussir dans cette cure
J'étais un mauvais médecin,
Un charlatan plutôt qu'un médecin.
Je prévoyais, ou le diable m'emporte,
L'effet de c'remède nouveau ;
Mais j'ai donné la dose un peu trop forte,
Et le mal a gagné l'cerveau.

A présent, je suis persuadé que Madame de Merville doit m'en vouloir beaucoup.

JUSTINE.

Rassure-toi et reprends ton ouvrage ; je l'aperçois. (*à part.*) Je saurai bientôt si l'amour est un jeu.

SCÈNE III.

SOPHIE, JUSTINE.

SOPHIE, elle a un livre à la main, (*à part*).

Que l'existence de ces nouveaux époux est heureuse ! *(haut)* eh bien! Justine, tu as pris les fleurs en grande passion.

JUSTINE, *lui offrant le bouquet.*

Comme vous voyez

SOPHIE, *souriant.*

Tu me le sacrifies ?

AIR : *Mon cœur à l'espoir s'abandonne.*

Les amants comparent leurs belles
A ces roses qu'un rien flétrit ;
Et, sur leurs épines cruelles,
Font à tout propos de l'esprit.

SOPHIE.

Lui, Dupont, n'est point érudit,
Et j'aime mieux son éloquence.

SOPHIE.

Justine, reprends ton bouquet,
(*elle le lui donne.*)
Sa main, qui l'a cueilli, je pense,
Voulait en parer ton corset.

JUSTINE.

Depuis quelque temps Madame aime d'avantage la solitude.

SOPHIE.

C'est vrai.

JUSTINE.

A votre âge ? Libre et recherchée dans le monde.

SOPHIE.

Je m'y étais soustraite par devoir, maintenant je reste ici par nécessité.

JUSTINE.

Qui vous y oblige ? votre deuil est fini, voudriez-vous passer les plus beaux jours de votre vie dans une retraite aussi austère ?

SOPHIE.

Je te le répète, ces lieux ont un charme qui m'attire, au point de ne pouvoir m'en détacher.

JUSTINE.

Ce n'est pas le souvenir des jouissances que vous y a procurées votre mari ?

SOPHIE.

Tu le sais, Justine, on me retira d'Ecouen à l'âge de 18 ans, pour m'unir à M. de Merville, aide de camps de l'Empereur ; il me conduisit dans ce château où je l'ai vu deux mois à peine. Il est mort à la retraite de Moscou Je n'ai pas eu le temps de l'aimer, mais je lui ai été fidèle, enfin, je l'ai pleuré.

JUSTINE.

C'est porter la bonté d'âme aussi loin qu'elle peut aller.

SOPHIE.

Il me semble que ce n'est que depuis peu de temps que je commence à vivre.

JUSTINE, *bas*.

Ah! comme son cœur va s'enflammer! (*haut*) puisque le ciel vous a donné un cœur sensible, vous ne pourrez pas vivre ainsi seule, éloignée du commerce du monde?

SOPHIE.

C'est ce que je crains; je sens que mon cœur est accessible aux plus tendres sentimens; mais en l'engageant, ce cœur, j'appréhende le risque de cesser d'aimer ou celui de cesser d'être aimée.

JUSTINE, *avec flatterie*.

Cesser d'être aimée!... sera plus difficile.

SOPHIE.

J'ai le temps de choisir et de m'éprouver; il ne s'agit pour éviter toute surprise, que de me former une idée bien claire et bien précise de l'amour.

JUSTINE.

Pour faire cette étude là, il faut un maître.

SOPHIE.

Tu crois?

JUSTINE.

AIR: *Tarare pompon.*

On nous dit que l'amour
N'a jamais paix ni trêve,
Et qu'il forme un élève
A toute heure du jour.
Ami des infidèles,
Il punit les jaloux,
Et réserve aux cruelles
Ses coups.

SOPHIE.

même AIR.

Ce n'est pas rassurant,
Ce maître, en l'art de plaire,
Que tu dis si sévère,
N'est aussi qu'un enfant.
Moi, qui suis déjà veuve,
Je crains peu son courroux,
Et j'attends à l'épreuve
Ses coups.

Mais je veux bien étudier en moi-même et chez les autres l'illusion de la réalité.

JUSTINE.

Vous êtes donc décidée à faire cette épreuve?

SOPHIE.

Je ne dis pas...ce livre m'apprend qu'il est prudent de réfléchir avant de donner son cœur.

JUSTINE, *souriant*.

Mais ce cœur, Madame, vous appartient-il encore?

SOPHIE, *soupirant*.

Je le crois.

JUSTINE, *de même*.

Ah! voilà un je crois et un soupir qui ne me permettent guère de douter....

SOPHIE.

Quoi! tu penserais?....

JUSTINE.

Est-ce que par hasard le jeune Alfred?...

SOPHIE.

Lui? Justine, c'est mon cousin, un enfant.

JUSTINE.

Ce sont les plus dangereux.

SOPHIE.

Je l'aime..... d'amitié; mais comment peux-tu supposer? Tu le trouves si jeune, si étourdi.

JUSTINE.

Le désir de plaire le rendra bien sage.

SOPHIE.

Ce sera bien difficile!... Alfred, à peine âgé de 18 ans, vient d'entrer dans les gardes d'honneur; son régiment qui a fait séjour dans les environs, va rejoindre le corps d'armée qui observe les mouvements de l'ennemi prêt à passer le Rhin; ce jeune homme qui appartient à la famille de mon mari, est impatient de marcher sur les traces de son parent, et de venger sa mort. Il n'ignore pas qu'il est bien fait et d'une figure charmante; il le dit quelquefois, et il rit de si bon cœur, après l'avoir dit, qu'on pardonne ces naïvetés à son âge; il mêle d'ailleurs des sentimens si fiers et si nobles aux enfantillages de l'amour-propre, que tout celà, ensemble, n'a rien que d'intéressant. Il veut avoir, dit-il, une jolie maîtresse et un excellent cheval de bataille ; il se regarde dans une glace, en prenant un air et une attitude militaire, et dit sans cesse : ah ! qu'il me tarde de me battre !... mille autres folies.

JUSTINE.

Ce mélange de frivolité et d'héroïme est, peut-être, ce qu'il y a de plus séduisant aux yeux d'une femme ; un pressentiment confus que ce joli jeune homme qui se soigne, qui se caresse, va peut-être, demain, se précipiter à travers les batteries sur un escadron ennemi, ou grimper comme un grenadier sur une brèche minée, ce pressentiment donne à ses gentillesses un caractère de merveilleux qui étonne et qui attendrit ; puis, la fatuité sied bien à la jeunesse militaire.

SOPHIE.

Qui ne serait sensible aux grâces légères et naïves d'Alfred ? mais je ne crois pas lui donner lieu de penser que j'éprouve pour lui un autre sentiment.

JUSTINE.

Vous avez l'air de le traiter sans conséquence ; il n'est pas encore assez attentif, pour tirer avantage du sentiment qu'il peut inspirer. Mais les militaires se forment vite ; et, à son âge, on est pressé d'aimer.

SOPHIE, *regardant vers la gauche.*

Jentends le galop d'un cheval... c'est lui !

SCÈNE IV.

Les Mêmes, ALFRED.

ALFRED *à la cantonnade.*

Ayez bien soin de mon cheval, entendez-vous ? (*Il arrive en fredonnant.*) « Chantons la gloire et les amours. » (*Apercevant Sophie*,) bonjour, ma belle cousine, je viens d'apprendre la plus agréable nouvelle !...

SOPHIE.

Il faut qu'elle soit bien intéressante pour vous occuper de la sorte.

ALFRED.

L'ennemi a fait un mouvement et mon régiment va se rendre sur le Rhin ; nous entrons en campagne ! que le ciel soit loué ! Je ne lui demandais que deux choses....

SOPHIE ET JUSTINE.

Voyons ?

ALFRED.

(*Fièrement*). De me mesurer avec l'ennemi et... (*tendrement*) de me faire aimer de ma jolie cousine.

SOPHIE.

Vous êtes un étourdi et je vous conseille de ne désirer ni l'un ni l'autre ; l'un n'arrivera peut-être que trop tôt et l'autre n'arrivera jamais.

ALFRED.

Jamais ? ni l'un ni l'autre ? cela est bien fort !

Air : *Au soin que je prends de ma gloire.*

D'expérience je n'ai guère,
Mais j'entends dire à mes amis
Qu'en fait d'amour, en fait de guerre,
Ce mot *jamais* n'est pas permis.
Je suis sûr de *l'un* et jespère
Me comporter en bon hussard,
Pour *l'autre*, eh bien ! c'est une affaire
Qu'il faudra disputer plus tard.

Tenez, je gage qu'avant ma seconde campagne vous cessiez d'être cruelle ; à présent que je n'ai pour moi que mon âge et ma franchise, vous me traitez comme un enfant, mais quand vous aurez entendu dire : il s'est trouvé dans tel combat, son régiment a donné dans telle occasion (*d'un ton fier*) il s'est distingué, il a pris un poste, il a été décoré sur le champ de bataille !... c'est alors que votre petit cœur palpitera de crainte, de plaisir, peut-être d'amour ! que sait-on ? Si j'étais blessé, par exemple, oh ! cela est bien touchant ! pour moi, si j'étais femme, je voudrais que mon amant eut été blessé à la guerre ; je soignerais ses blessures ; je trouverais une volupté pure à regarder ses cicatrices ! charmante Sophie, convenez que vous-même vous n'y tiendrez pas ?

SOPHIE.

Allez, jeune fou, faites votre devoir en loyal militaire et ne m'affligez point par des présages qui me font trembler.

ALFRED.

Voyez-vous si je n'ai pas dit vrai ? je vous fais trembler d'avance ; ah ! si la seule idée vous touche, que fera la réalité... ça, ma cousine, ne me donnez-vous point quelque acompte sur les lauriers que je vais cueillir ?

JUSTINE, *à part.*

Il commence à se former.

SOPHIE.

Soyez sage, si vous voulez que je conserve pour vous de la confiance.

ALFRED.

Sage ?... oui, certes, un garde d'honneur!

AIR : *Depuis longtemps j'aimais Adèle.*

Quoi! vous m'ordonnez d'être sage?
C'est inutile, voyez-vous,
Mon régiment sera, je gage,
La providence des époux,
Aux champs d'amour et de Bellone
Toujours galant, toujours vainqueur...

SOPHIE, *finement.*

Est-ce pour cela qu'on vous donne
Le beau nom de garde d'honneur?

ENSEMBLE.

Oui c'est / Est-ce } pour celà qu'on { nous / vous } donne
Le beau nom de garde d'honneur.

ALFRED.

Je vous quitte quelques instants; je vais tout préparer pour mon départ. Croyez que la joie que j'éprouve de suivre mon régiment sera mêlée de bien des peines, puisqu'il me faudra abandonner des lieux qui possèdent tant de charmes. *(Il lui baise la main et s'éloigne. Sophie le suit des yeux.)*

SCÈNE V.

SOPHIE, JUSTINE.

JUSTINE.

Comment trouvez-vous qu'il s'exprime maintenant?

SOPHIE, *doucement.*

Justine, laissez-moi, je veux être seule.

JUSTINE, *à part, en s'en allant.*

Le petit cousin grandit à vue d'œil.

SCÈNE VI.

SOPHIE, *seule.*

(Après avoir fait quelques pas plongée dans la plus grande rêverie).

Il m'aime... je n'en saurais douter, rien de plus naturel et de plus tendre que l'expression de ses sentimens... et pourtant il est léger, étourdi.... qui ne l'est pas à son âge? Puis il a le cœur excellent; il ne tiendrait qu'à lui de s'amuser, il trouverait peu de cruelles... et il ne voit que moi, il est sans cesse occupé de moi, il ne me préfère, peut-être, que la gloire! cependant je le traite avec une froideur... je ne sais comment il y tient.

AIR *de la Romance de Pharamon.*

Si je perds mon indifférence,
Alfred doit être mon vainqueur;
Je sens, au trouble de mon cœur,
Que l'amour répand sa puissance.
Quel prodige! quel changement!
Pourquoi résister? oui, je l'aime!
Pourtant ma surprise est extrême;
Je le traitais comme un enfant.

Jeune encor que pouvais-je faire?
Alfred devient mon seul espoir;
Mon seul bonheur est de le voir,
Ma seule gloire est de lui plaire.
Il va partir! ah! ce moment
Vient me prouver combien je l'aime;
Je m'ignorais, hélas! moi-même,
Et le traitais comme un enfant.

Quelqu'un vient! C'est M. de Sainval, le capitaine d'Alfred... je ne saurais le recevoir dans cet état.. rentrons.

SCÈNE VII.

SAINVAL, *arrivant par la gauche.*

Et cet étourdi d'Alfred que je n'ai trouvé nulle part... ah! les adieux à la cousine... les promesses d'amour... tout cela demande du temps. Quand a moi, mes adieux sont bientôt faits; quelques verres de champagne, quelques poignées de main et... à cheval!... ces Champenoises avec leur air simple... ça ne mousse pas du tout; aussi...

AIR NOUVEAU.

Quand la gloire m'appelle,
Mes amis, au revoir.
De te quitter, ma belle,
Je suis au désespoir.
(En riant.)
Bonsoir, Bonsoir.
Ah! je connais les femmes,
En faisant mes adieux,
Je dis : mes belles dames,
Épargnez ces beaux yeux,
Changez, vous ferez mieux.
Nous, qui courrons sans cesse,
Par goût et par raison,
Nous changeons de maîtresse
Comme de garnison.

Quand la gloire m'appelle etc. etc.

SCÈNE VIII.

SAINVAL, JUSTINE.

SAINVAL, *d'un ton léger.*

Ah ! voilà la petite Justine ... je commençais à m'ennuier tout seul.

JUSTINE.

Il n'y paraît pas.

SAINVAL.

Au moment du départ je veux, charmante soubrette, te laisser une marque de mon souvenir. *(il va pour l'embrasser, Dupont qui les guettait, se met entr'eux deux.)*

SCÈNE IX.

SAINVAL, DUPONT, JUSTINE.

DUPONT.

Merci, capitaine.

SAINVAL, *légèrement*

Il n'y a pas de quoi.

DUPONT.

C'est le baiser d'adieu ?

SAINVAL.

Oui, mon ami, nous partons; le village va être débarrassé de nos gaillards ; mais *(regardant Justine)* gare les Cosaques !

DUPONT.

Nous y mettrons bon ordre, et puis, ils sont si laids !

SAINVAL.

Qui sait ?.... le changement.

JUSTINE *(qui s'était un peu écartée.)*

Voici Madame de Merville et M. Alfred.

SCÈNE X.

SAINVAL, SOPHIE, ALFRED, *en grande tenue*, DUPONT, JUSTINE, LAMBIN, LES GENS DU CHATEAU.

SAINVAL, *à Sophie.*

Madame, j'ai l'honneur de vous offrir mes hommages et mille remercîments pour l'aimable accueil que nous avons reçu chez vous.

SOPHIE, *s'inclinant.*

Monsieur.....

SAINVAL.

Bonjour, Alfred, je suis heureux de vous trouver enfin ; si l'ennemi était un peu plus près, je vous aurais cru enlevé par un parti de cosaques.

ALFRED.

Capitaine, je ne m'écarterai jamais de mon poste.

SAINVAL.

Fort bien ; dans une heure, à cheval !

ALFRED, *joyeux.*

A cheval !

SOPHIE.

Comment, messieurs, vous ne dînez pas avec moi ?

SAINVAL.

Impossible, madame, de répondre à tant de bontés ; vous savez que la discipline...

SOPHIE.

Je n'ose pas insister.

SAINVAL.

Il y a apparence que, bientôt, Alfred fera connaissance avec le bivouac ; l'ordinaire de campagne n'est pas friand, mais c'est cet apétit que les Lucullus du jour pourraient nous envier.

SOPHIE.

Que la guerre doit être pénible et cruelle !

ALFRED, *vivement*

Pénible peut-être, cruelle?.. il me semble que non.

SAINVAL.

Bien ! Alfred.

DUPONT, *montrant sa jambe.*

Cruelle, tout de même, quand on reçoit les éclaboussures.

ALFRED, *souriant*

Ce pauvre Dupont n'est pas payé pour l'aimer.

DUPONT, *fièrement.*

Ce n'est pas l'histoire de la peur, au moins.. le seul regret que j'ai, c'est de ne pas accompagner monsieur Alfred ; je voudrais le voir tirer son premier coup de carabine, cela me rappellerait le temps où j'étais conscrit.

ALFRED, *vivement.*

Conscrit !... dans trois mois je serais vétéran... ou...

DUPONT.

Assez causé.

SOPHIE, *à Alfred.*

Vous me faites frémir.

ALFRED.

AIR : *Connaissez-vous le grand Eugène.*

Les Français aiment tant la guerre,
Que les lauriers sont moissonnés ;
Nos vétérans, que je révère,
En ont leurs fronts tout couronnés.

Je vais glaner, il faut bien s'y résoudre,
Puisque je suis un des derniers venus,
Le laurier ne craint pas la foudre,
Mais j'ai peur qu'il n'en reste plus.

JUSTINE.

Comment ne pas remporter des victoires avec de pareilles dispositions.

SAINVAL.

La jeunesse française fut toujours avide de gloire et de succès; l'histoire est là pour rappeler combien, sous nos rois guerriers, elle s'est montrée intrépide.

AIR *d'Aristipe.*

Au temps jadis, gardons en souvenance,
On fit aussi plus d'un brillant exploit,
On la respectait notre France!
Témoins Denain, Bouvines, Fontenoy.
De ses enfants la France est toujours fière,
Comme à Fleurus, ce sublime combat!
Et, pour défendre la frontière,
Tout citoyen doit se faire soldat.

TOUS.

Oui, pour défendre etc.

DUPONT.

C'est vrai, tout de même, quand à moi, je puis dire que, durant dix ans, j'ai voyagé joliment en Europe; il est vrai, que le petit caporal est un fameux lapin

SAINVAL.

Tu l'as donc vu de près?

DUPONT.

Si je l'ai vu de près!.... est-ce que sans lui je serais ici, tout de même?

SAINVAL.

Conte-nous cela.

DUPONT, *prenant le milieu.*

C'était en allant à Moscou, à l'affaire de Borodino

SAINVAL.

J'y étais, mon ami.

DUPONT.

Vous savez que les russes, dont les positions étaient si avantageuses, par le feu meurtrier de mille pièces en batterie, avaient jeté le désordre dans une partie de nos rangs...Les canons et les retranchements furent pris et repris, ils changèrent trois fois de maîtres. L'empereur fait avancer plusieurs régiments de sa garde. (*se redressant*) J'étais de la garde! au bout d'une heure, l'ennemi était en pleine déroute, le carnage fut horrible. tout de même, plus de quarante mille morts de part et d'autre. Quant à moi, je m'étais vu entourer par cinq à six grenadiers russes qui me criaient rends toi, françous; à d'autres! et les coups pleuvaient! et j'en donnais à tort et à travers et j'en recevais... tant il y a, que je finis par tomber, criblé de blessures, au milieu de mes grands gaillards... ils avaient passé l'arme à gauche.

AIR: *Le bon roi d'Agobert.*

J'étais donc là, mourant,
Les français allaient en avant;
Ce glissant terrein,
Me dis-je, est mal sein
Et je veux avoir
Un bon lit, ce soir,
Ce russe, en bon voisin,
Va me servir de traversin.

Je rassemblai mes forces, je m'enveloppai dans un drapeau, que je venais de prendre, je me couchai mollement sur un grenadier qui avait six pieds de long et mes yeux se fermèrent.

TOUS.

Et puis?

DUPONT.

AIR *de Turenne.*

Le lendemain, dès que parut l'aurore,
Je me réveille, au bruit de quelques pas;
Quand une voix, je crois l'entendre encore,
Dit: approchons!..c'est un de mes soldats...
Et l'empereur me tenait dans ses bras;
Ah! c'en est fait, il faudra que je meure!...
J'ai combattu pour la dernière fois...
Et, sire, je n'ai pas la croix
Pour consoler ma dernière heure!

Tiens, mon brave dit-il, et il plaça lui même ce ruban à ma boutonnière; (*il le montre attaché sous sa veste de travail*) Je fus conduit et bien soigné à l'embulance, d'où je suis revenu, tout de même, pour m'engager dans un autre régiment.

(Pendant le récit de Dupont des sentiments divers d'intérêt doivent se peindre dans la physionomie et la pantomime des auditeurs; ainsi, Alfred est dans l'admiration, Sophie est un peu rêveuse, Justine semble fière de la bravoure de son mari, Sainval écoute d'une manière calme.)

ALFRED, *transporté.*

Je me ferai tuer, ou j'aurai la croix!

SAINVAL.

L'heure approche, il faut partir.

FINAL.

Du premier acte de Ma Tante Aurore,

CHŒUR. — *Ensemble.*

Honneur à ces braves héros,
Défenseurs de notre patrie,
Que le ciel conserve leur vie
Et la gloire de nos drapeaux.

SAINVAL.

Allons rejoindre nos drapeaux,
Pour défendre notre patrie,
Pour lui consacrer sa vie,
Il ne faut pas être un héros.

ALFRED.

Allons rejoindre nos drapeaux,
Ah ! pour un regard de Sophie
Et la gloire de ma patrie,
Je veux devenir un héros

SOPHIE, *à Alfred.*

Puisque la gloire vous appelle,
Partez et revenez vainqueur
Et prouvez qu'un garde d'honneur
A ses serments reste fidèle.

ALFRED.

Je serais fidèle et vainqueur !

JUSTINE et SAINVAL.

D'un garde d'honneur le modèle.

ALFRED, *à Sophie.*

Ah ! n'obtiendrais-je, en ce moment,
De mon amour le moindre gage ?...

SOPHIE, *lui donnant un médaillon.*

Alfred, recevez ce présent,
Conservez-le, c'est mon image.
(Alfred le presse sur ses lèvres.)

ENSEMBLE.

Honneur à ces braves héros, etc.
Allons rejoindre nos drapeaux etc.

DUPONT.

Si je pouvais prendre les armes
Et les suivre au prochain combat !

SOPHIE.

O ciel ! dissipez mes alarmes !
Pour mon cœur quel affreux état!

SAINVAL.

Adieu, Madame.

ALFRED.

Adieu, belle Sophie.

SOPHIE.

Eh quoi ! messieurs, c'est le dernier moment?
Ecrivez-moi, du moins, je vous supplie.
Ce souvenir calmera mon tourment.

SAINVAL et ALFRED.

Si l'ennemi, trompant notre espérance.
Se dérobait par la fuite à nos coups,
Nous reviendrons avec reconnaissance
Et passerons nos loisirs près de vous.

REPRISE DU CHOEUR.

Honneur à ces jeunes héros, etc.

SAINVAL et ALFRED.

Allons rejoindre nos drapeaux, etc.

(Sainval salue et s'éloigne ainsi que les autres personnages, Alfred baise tendrement la main de sa cousine.

SOPHIE, *avec sentiment.*

Allez, la gloire vous appelle,
Et prouvez qu'un garde d'honneur
A ses serments reste fidèle.

ALFRED, *de même, montrant le médaillon.*

Je serai fidèle et vainqueur !
(Il part, la toile tombe.)

FIN DU PREMIER ACTE.

ACTE SECOND.

SCÈNE I.

LAMBIN, UN 2me GARÇON JARDINIER, venant du côté du château.

LAMBIN.

Il n'y a encore personne de levé au château?

DEUXIÈME GARÇON,

(*niais et agissant lentement.*)

Tant mieux; quand Dupont n'est pas là, nous avons un petit brin de bon temps.

LAMBIN.

Dupont nous a recommandé, hier, de nettoyer cette allée, qui est la promenade favorite de Mme de Merville... mais il est encore de bonne heure, et, dis-donc, si avant de commencer le travail, nous nous reposions un petit peu?

DEUXIÈME GARÇON.

T'as là une bonne idée!... *(Ils s'assoient sur le banc, et se mettent à manger, le 2me Garçon place sa bouteille à son côté.)* Le *quart* n'est pas encore sonné.

LAMBIN.

Quel *quart est-ce?*

DEUXIÈME GARÇON.

Comment?

LAMBIN.

Quel *quart? quoi!*

DEUXIÈME GARÇON.

Je te dis que le quart n'est...

LAMBIN.

Le carnet?

DEUXIÈME GARÇON.

Que le quart est...

LAMBIN.

Carré?... carré... si je comprends celui-là, il est assez mauvais. (1)

DEUXIÈME GARÇON.

N'as-tu pas recommencer tes carembourgs?.. Dis-donc, Lambin, qui t'a appris les carembourgs?

LAMBIN.

Ça tient au tempérament; et puis, j'ai été en apprentissage à l'hôtel de la *pleine lune*, tu sais, c'est là qu'on en fait des calembourgs!.. le maître les met à toute sauce, il nourrit ses voyageurs avec des jeux de mots... aussi... mais je ne veux pas achever, on dirait que je suis un méchant... il faut convenir cependant que c'est un genre comme un autre, puis, ça fait rire, ça amuse, même les gens qui ne les aiment pas, quand ils sont tirés par les cheveux.

DEUXIÈME GARÇON.

Ils amusent les gens tirés par les cheveux?

LAMBIN.

Oh! je te dis que le calembourg amuse toujours, même quand il est tiré par les cheveux. On dit : ah! que celui-là est mauvais!... et on rit à se démantibuler la mâchoire. On en fait sur le tiers et sur le quart. Puisque nous en sommes sur le *quart donc*, et que nous avons un petit *quart d'heure* à nous, je vais t'en dire un qui est tout à fait de circonstance : deux militaires étaient logés dernièrement dans ce village, à l'hôtel de la pleine lune, sans calembourg, l'un servait dans la marine de la garde, l'autre dans l'infanterie à pied, ils lachaient tous les deux, des bordées de bons mots, devine qui fut enfoncé?

DEUXIÈME GARÇON.

Le pousse caillou.

LAMBIN.

Non, ce fut le marin, voici : ils vantaient les charmes, du service militaire, mais ils n'étaient pas d'accord sur ceux qu'on éprouve, plus ou moins, en montant la garde; le marin disait au fantassin : vous êtes des demoiselles, vous autres; on vous met dans un bon corps de garde, où vous fumez, avec un poêle rouge, sans calembourg; vous voyez passer des gens de tout sexque, ça distrait; au lieu que nous, quand nous sommes de quart (tu sauras qu'on nomme le tour de garde du marin, le quart) nous ne voyons défiler devant nous, d'autres individus que des poissons, le jour, et des étoiles la nuit, c'est à périr d'ennui. Alors le pousse caillou a dit au marin (il y en a de joliment malins, sans calembourg).

DEUXIÈME GARÇON.

Qu'est-ce qu'il lui a dit?

LAMBIN.

Le pousse caillou a dit : eh bien, moi, j'aimerais mieux faire mon quart sur un vaisseau. — Tu plaisantes, disait l'autre. — Non, je

(1) L'acteur qui jouait le rôle de Lambin s'appelait *Carré.*

t'assure, attendu que j'aime beaucoup le *quart naval.* Comment trouves-tu celui-là?

DEUXIÈME GARÇON.

Il n'était pas dégouté, moi aussi j'aime mieux le carnaval que le carême. Ces deux militaires de la garde devaient raconter de jolies histoires.

LAMBIN.

Oh! des histoires extraordinaires! le marin surtout, ceux qui ont voyagé le plus loin sont les plus blagueurs, sans calembourg; voici l'histoire marine qu'il raconta pour prouver la voracité des requins: un matelot se laissa tomber du haut d'un mât sur le pont.

DEUXIÈME GARÇON.

Sot!

LAMBIN.

On le releva, mais il n'y avait pas de remède, il était *mort sur* le coup... En mer, vois-tu, les cérémonies d'enterrement sont bientôt faites, on vous attache un boulet de gros calibre au cou, et v'lan... à l'eau, ni vu, ni connu.

DEUXIÈME GARÇON.

On va s'enterrer, tout seul, au fond de la mer.

LAMBIN.

Notre matelot n'eut pas cette peine; un requin, qui suivait le vaisseau, et qui guettait cette proie, l'a saisit au vol, et il détale vite, mais vite... juge, il avait pris le *mort aux dents*... Les autres matelots qui avaient vu le coup de temps, sans calembourg, lancent aussitôt un harpon vers le requin qui est atteint et ramené, on le hisse sur le pont, on ouvre mon requin, et, devine ce qu'on trouve dans son ventre?

DEUXIÈME GARÇON.

Le matelot tout entier?

LAMBIN.

Non, le boulet seulement tout entier.

DEUXIÈME GARÇON.

Et le mort?

LAMBIN.

Oh, le *mort fondu*, tout à fait...

DEUXIÈME GARÇON.

C'est donc gros comme une baleine, un requin?

LAMBIN.

Non, mais c'est plus glouton; ça a un bataillon de dents pointues comme des bayonnettes, allignées sur trois rangs, on l'appelle vulgairement chien de mer.

DEUXIÈME GARÇON.

Est-ce qu'il jappe?

LAMBIN, *ouvrant fortement la bouche.*

Non, il happe.

DEUXIÈME GARÇON.

Ah! ça, dis-moi, Lambin, pourquoi les poissons ne parlent pas.

LAMBIN.

Tu ne comprends pas cela?

DEUXIÈME GARÇON.

Non.

LAMBIN.

C'est bien simple, cependant.

DEUXIÈME GARÇON.

Voyons.

LAMBIN.

D'après leur conformation, ils ne peuvent prononcer qu'une seule lettre de l'alphabet.

DEUXIÈME GARÇON.

Ah!

LAMBIN.

Non pas a, un autre, o... Tu vois qu'ils ont toujours l'*o* à la bouche... voilà pourquoi le poisson est muet. Il est joli celui-là, et nouveau, j'espère. Mais je crois que le *quart touche* à sa fin, écoute.. *(écoutant sonner l'heure.)* voilà le *quart à fond... (il boit.)*

DEUXIÈME GARÇON.

Tiens!.... ce farceur! il prend ma bouteille pour un *carafon.*

LAMBIN.

Maintenant, nous pouvons reprendre notre travail, *(ils ne bougent pas.)*

AIR; *Cadet Roussel est bon enfant.*

Mon vieux père me dit « Lambin,
« Travaille, pour gagner notr' pain »
Chaqu' matin, quand il me réveille,
J'me fais longtemps tirer l'oreille.
(Ils baillent.)
Ah! ah! ah! puis, vraiment
Je m'en vais travailler gaîment.

J' crois que c'est aujourd'hui mardi,
Si c'pouvait être samedi!
Quand j'vois arriver le Dimanche,
J'dis je vas prendre ma revanche;
(En baillant.)
Ah! ah! ah! puis vraiment
L'lundi, j'travaille plus gaîment.

(Ils reviennent en scène.)

Cette nuit, je n'ai pas dormi la moitié de ma vie; ces vilains cosaques me trottent toujours dans la tête ! des barbes longues, comme çà !... des lances !...

DEUXIÈME GARÇON

Dis-donc, Lambin, est-ce que tu as vu des cosaques ?

LAMBIN, *d'un air dédaigneux.*

Si j'en ai vu ! et toi ?

LE DEUXIÈME GARÇON.

L'autre jour, lorsqu'on se battait à Rheims, à trois lieues d'ici... oh ! je n'avions pas peur, j'étions monté au haut du clocher du village, et je me tenais dans un petit coin, de crainte qu'un boulet ne vint me faire visite.

SCÈNE II.

LAMBIN, DUPONT, UN DEUXIÈME GARÇON.

(Dupont en arrivant, *a jeté ses outils par terre. Les deux garçons jettent un cri d'effroi.*)

LAMBIN et LE DEUXIÈME GARÇON.

O mon dieu !

DUPONT.

Eh bien ! qu'avez-vous donc ?

LAMBIN *s'efforçant de rire.*

Rien, rien ! c'est qu'en travaillant je me suis fait....

DUPONT.

Allons, vous êtes des poltrons et des fainéants !

LAMBIN.

Poltrons, je ne dis pas.. mais fainéants !.

DUPONT.

Lambin, tu ne feras jamais un bon soldat.

LAMBIN.

Dam !... ce n'est pas mon métier.

DUPONT.

Cela t'arrivera plutôt que dix mille francs de rente.

LAMBIN.

Donne-t-on à choisir ? Je tire au sort l'an prochain.

DUPONT.

Tu tomberas.

LAMBIN.

Je suis faible de constitution.

DUPONT.

Voyons ça. (*Il lui plie les bras et les reins.*) Deux jours d'exercice et ce sera bon, puis dans 30 ans, tu auras ton congé.

LAMBIN.

Trente ans soldat ?

DUPONT.

Ou général ; oh ! l'avancement va vite, tout de même.

LAMBIN.

On dit que c'est un bel état.

DUPONT.

AIR : *A la façon de barbari.*

Vous arrivez au régiment,
A neuf on vous équipe,
Le caporal et le sergent
Vous donnent, par principe,
Une bonne et douce leçon :
La faridondaine, la faridondon ;
Chaqu' jour la soupe et le bouilli,
Biribi,
A la façon de barbari,
Mon ami.

LAMBIN.

La soupe et le bouilli tous les jours ?

DUPONT.

Tous les jours ; bonne viande à 50 centimes le kilo.

DEUXIÈME GARÇON.

Le kilo ! Qu'est-ce que c'est que cette bête-là ? çà doit être un bon morceau.

DUPONT.

Ce n'est pas tout.

même AIR.

Vous touchez, recta, votre prêt,
Par jour un sou de poche
Et vous allez au cabaret
Faire quelque bamboche ;
Au spectacle, au bal... et du bon !
La faridondaine, la faridondon.
Là, mainte belle vous sourit,
Biribi,
A la façon de barbari,
Mon ami.

DEUXIÈME GARÇON et LAMBIN, *avec joie.*

J'ai envie de m'engager !...

DUPONT.

Attendez, vous n'y êtes pas...

même AIR.

Un ordre appelle les dépôts ;
On fait une campagne,
La pluie et le sac sur le dos,
En Russie, en Espagne :

On entend ronfler le canon,
La faridondaine, la faridondon.
Puis l'on avance, ou tout est dit,
(Il fait le mouvement d'un homme tombé.)
Biribi,
A la façon de barbari,
mon ami.

LAMBIN, *faisant la grimace.*

J'attendrai mon sort.

DEUXIÈME GARÇON.

Et moi aussi.

DUPONT.

Au travail! il y a longtemps que le soleil est levé, tout de même.

LE DEUXIÈME GARÇON, *lentement et baillant.*

Et moi aussi.

DUPONT.

AIR *De la cavatine du bouffe.*

Allons, qu'on se dépêche!

LAMBIN.

J'y cours.

DUPONT, *au deuxième garçon.*

Et toi, prends cette bêche,

LE DEUXIÈME GARÇON, *la ramassant.*

C'est lourd!

DUPONT, *allant ouvrir la serre.*

Qu'à la serre je donne
De l'air,
Car le printemps talonne
L'hiver.

Et M. Alfred qui ne donne pas de ses nouvelles!... Madame est inquiète.... Bah! bah! à l'armée il n'y a pas de petite poste. L'affaire de Rheims a été chaude tout de même, à ce qu'on dit, *(d'un ton impatiant)* et je n'y étais pas! *(regardant à gauche.)* Serait-ce lui que j'aperçois?... non, c'est le capitaine Sainval, nous allons avoir des nouvelles.

SCÈNE III.

DUPONT, SAINVAL.

SAINVAL, *lui donnant une poignée de main.*

Nous voilà, Dupont.

DUPONT.

Et, M. Alfred?

SAINVAL.

Parfaitement; une égratignure seulement, je te conterai cela. M.me de Merville est-elle au château, mon ami?

DUPONT.

Je crois l'entendre.

SCÈNE IV.

DUPONT, SAINVAL, SOPHIE, JUSTINE, LES DEUX GARÇONS, *un peu en arrière.*

SOPHIE, *inquiète.*

Vous arrivez seul?

SAINVAL.

Je précède Alfred, d'une heure, tout au plus.

SOPHIE, *de même.*

Il est blessé! peut-être mort! de grâce, M. Sainval, dites-moi la vérité.

SAINVAL.

Je vous jure, Madame, qu'il m'a chargé de vous annoncer son arrivée.

SOPHIE.

Ne pouvait-il venir lui-même?

SAINVAL.

Il est de service en ce moment, *(bas à Dupont)* à l'ambulance où il est allé se faire panser; *(haut)* bien plus, il s'est distingué et il a été nommé maréchal des logis.

SOPHIE, *avec joie.*

Ah! que vous êtes bon de venir me tirer de la cruelle inquiétude où je me trouvais.

JUSTINE, *à Sophie.*

Vous voyez bien!

SAINVAL, *à part.*

Je suis toujours à temps à lui annoncer qu'Alfred est blessé au bras. *(haut)* Et vous n'avez pas craint, Madame, l'approche de l'ennemi?

SOPHIE.

L'Empereur s'est souvenu de moi, il m'a fait dire par un officier d'ordonnance que l'armée ne passerait pas ici *(avec intention)* vous étiez à votre poste, j'ai gardé le mien. Mais, vous êtes sans doute fatigué, peut-être à jeun?

SAINVAL.

Si vous le permettez, Madame, j'attendrai que le cher Alfred soit arrivé; nous déjeûnerons ensemble, ce sera un double plaisir pour moi. Quand nous partîmes, je vous parlais, en plaisantant de notre manière de vivre en campagne. Je puis vous affirmer que, depuis le commencement de celle-ci, nous avons constamment couché sur la paille... ou sur la terre; le soir, pour régal, quelques pommes de terre cuites sous la cendre... quelquefois cependant de bons mets! Oui, une poule à moitié vivante, embrochée avec un échalas, sur les tisons; oh! nos soldats sont les plus ingénieux du monde pour découvrir les provisions du paysan; ils sont bien braves !... mais pillards !

SOPHIE.

Vous ne nous dîtes rien de vos dangers et de l'affaire de Rheims où les gardes d'honneur ont donné, je le sais.

DUPONT.

Le capitaine, en arivant, a promis de me conter cela.

SAINVAL.

Je tiens ma promesse : vous savez que l'ennemi envahit les frontières du nord de la France, le 1er janvier 1814.

DUPONT.

Tristes étrennes! tout de même.

SAINVAL.

Notre régiment, cantonné sur les bords du Rhin, se replia sous les murs de Strasbourg pour s'y réunir aux autres corps ; le soir, je fus de grand-garde et aux avant-postes ; Alfred était avec moi ; ce fut son premier bivouac... il y avait un pied de neige.

SOPHIE ET JUSTINE.

Pauvre enfant !

SAINVAL, *souriant.*

Il dormit comme un bien-heureux jusqu'à la petite pointe du jour où nous fumes réveillés en sursaut pat les cris : aux armes ! aux armes ! de la sentinelle, puis : houra, houra ! accompagné de quelques coups de pistolet, qui nous furent tirés à bout portant.

SOPHIE.

O ciel !

SAINVAL, *d'abord froidement.*

C'était un parti de cosaques qui voulait enlever notre poste ; sauter à cheval, lui faire face, fut l'affaire d'un instant. Je crie : en avant ! et nous les chargeons ; un seul de ces gens-là osa nous attendre, je m'élançai sur lui et je le saisis au collet lorsqu'il me frappa d'un coup de lance à la figure ;... le coup aurait peut-être été dangereux si Alfred n'avait été là pour l'arrêter.

TOUS.

Le brave jeune homme !

DUPONT.

Et le cosaque fut fait prisonnier.

SAINVAL.

Comme tu dis; c'est le premier de cette campagne. Une heure après, toute la division qui vint se mettre en bataille, visita notre capture.

Air : *Ah ! si Madame me voyait.*

Ah ! si l'Empereur nous voyait,
Disait Alfred, la tête altière ;
Si, pendant cette courte affaire,
Son cœur novice palpitait,
Ce n'est pas de peur qu'il battait !
Et puis, s'appuyant sur ses armes,
Avec un soupir il disait,
En regardant un portrait plein de charmes :
« Si ma cousine me voyait! »

Je ne vous retracerai pas, Madame, toutes les évolutions de l'armée depuis l'ouverture de cette campagne où nous lutions contre un million d'hommes ; Napoléon s'est surpassé lui-même. L'issue de l'affaire de Rheims qui a eu lieu à une journée de votre château, vous est connue ; les gardes d'honneur, j'ose le dire, s'y sont distingués, mais, (*avec émotion*) ils ont éprouvé de grandes pertes.

SOPHIE, *avec intérêt.*

Donnez-nous, je vous prie, quelques détails sur la bataille.

SAINVAL.

Dans la matinée du 14 mars, les étrangers, avec environ seize mille hommes, occupaient les avenues de la ville par où les français vinrent les attaquer ; une grande partie de la journée se passa en efforts inutiles, de la part de ces derniers, qui étaient en trop petit nombre; sur le soir, l'Empereur arriva avec sa garde.

DUPONT, *joyeux.*

Ah !

SAINVAL.

Il donne l'ordre de faire attaquer les bataillons carrés, mais la grosse cavalerie manquait et le chef des gardes d'honneur implore la faveur de donner ; au premier signe de l'Empereur, la charge sonne ; cette ardente jeunesse s'élance aux cris mille fois répétés de vive l'Empereur ! Les bataillons russes sont comme des murailles de fer. . *(faisant un geste)* ramenés !... nouvelle attaque !... nouvelle retraite! le brave général qui nous commande a déjà reçu deux blessures et il retourne à la charge ; cette fois nos efforts sont couronnés les carrés sont enfoncés et l'ennemi fuit en désordre dans la ville où nous le poursuivons; l'infanterie de la vieille garde arrivait en même-temps que nous à l'entrée du faubourg ; c'est là, qu'a lieu notre plus beau triomphe ! déjà on se disputait le passage, lorsque une foule de voix, partie de ces vieilles cohortes, dit :..

laissez passer les gardes d'honneur ! la place leur appartient, ils l'ont bien méritée ! et nous passons les premiers.

SOPHIE.

Et Alfred ?

SAINVAL, *embarassé.*

Alfred ?... il était toujours au plus épais, et il s'en est tiré assez heureusement.

SOPHIE, *inquiète.*

Comment ?

SAINVAL.

Un léger coup de sabre qui sera guéri dans quinze jours.

SOPHIE, *alarmée.*

Vous me trompiez !

SAINVAL, *avec dignité.*

Madame, vous avez reçu ma parole d'honneur; sa blessure ne l'empêche pas de faire son service, et je vous garantis qu'il allait me suivre.

JUSTINE.

Il le désirait tant !

DUPONT.

Et vous, capitaine ?

SAINVAL.

Moi ? ah ! ma perte n'est pas la moindre !.. deux chevaux de tués *(en soupirant, bas)* cinquante louis pièce.

AIR : *Aux temps heureux de la chevalerie.*

Hélas ! j'ai fait une perte cruelle :
Deux beaux normands de la plus noble ardeur,
Mon cher *Zéphir*, ma gentille *Cybèle*,
Vous voir périr; ah ! j'étais en fureur !

DUPONT.

Je le conçois, un hussard sans monture !

SAINVAL, *gaiment.*

Oh ! mon ami, ce ne fut pas longtemps,
D'un autre alors je fus faire capture ;
(Avec un geste.) J'en fis descendre un major de houlans.
Mais triste bête ; point d'allure... ma pauvre Cybèle !

SOPHIE.

Alfred ne vient pas encore !

SAINVAL.

Il ne peut tarder.

SOPHIE.

Je vais donner l'ordre de tout préparer pour son arrivée.

SCÈNE V.

SAINVAL, *seul.*

Il paraît que la belle cousine en tient aussi.. que va-t-il résulter de tout ceci ?.. C'est à présumer... mais au moins il faut attendre la fin de la campagne. Ces femmes ! c'est si séduisant pour les jeunes militaires ! Ce sont de véritables Armides ! Ah ! qu'elle ne vienne pas achever de faire tourner la tête de mon Alfred, de mon élève ; un jeune homme qui s'annonce sous de si brillants auspices ! j'ai été bien aise d'assister à cette entrevue, et tant que le régiment restera dans les environs, je les surveillerai... il faut trouver un moyen pour refroidir un peu l'amour d'Alfred.

AIR : *T'en souviens-tu.*

Un bon soldat doit toujours se défendre
Du piège adroit que lui tendra l'amour ;
Oui, si son cœur se laisse enfin surprendre,
Son avenir est perdu sans retour.
Puisqu'en ces lieux se rencontre une Armide,
Que de Renaud Alfred a le penchant ;
Ne dois-je pas moi, son mentor, son guide,
Le préserver de cet enchantement ?

SCÈNE VI.

SAINVAL, ALFRED, *le bras gauche en écharpe.*

ALFRED, *vivement.*

Ah ! vous voilà.

SAINVAL.

Eh bien ! mon ami.

ALFRED.

Ma cousine ?

SAINVAL.

Elle était ici il n'y a qu'un instant, je l'ai rassurée sur votre compte ; elle est allée donner des ordres pour notre déjeûner.

ALFRED.

Comme vous me dites cela froidement ?

SAINVAL.

Écoutez, mon cher, je ne suis pas amoureux, moi.

ALFRED, *fausse sortie.*

Je cours....

SAINVAL, *le retenant.*

Attendez-donc, mon ami, il est convenable.

ALFRED.

Comment ?

SAINVAL.

Cet empressement peut compromettre....

ALFRED.

Que voulez-vous dire ?

SAINVAL.

Aussi vous ne me laissez pas vous expliquer.

ALFRED, *vivement.*

Parlez donc !

SAINVAL.

Si vous prenez les choses sur ce ton là, désormais je vous ferai grâce de mes conseils.

ALFRED, *plus doucement.*

Mon cher capitaine, je ne les refuse pas ; mon intention n'est pas de vous fâcher, mais..

SAINVAL.

Si vous ne refusez pas mes conseils, je vous répéterai que vous êtes jeune et n'avez pas assez d'expérience en amour.

ALFRED.

Vous ne concevez pas ma position.

SAINVAL.

Au contraire, c'est que je la considère de sang froid, avec sagesse, et vous à travers un prisme trompeur.

ALFRED, *bas.*

Je suis à la torture.

SAINVAL.

J'ai de l'expérience, voyez-vous, en fait de conquêtes d'amour; j'ai appris à mes dépens, quand j'avais votre âge, que le cœur d'une femme devait être bien éprouvé ; j'ai été témoin de vos adieux avec Mme de Merville, il y a environ deux mois; je l'ai vue tout-à-l'heure; il m'a paru qu'elle vous était toujours fort attachée, mais je n'ai pas reconnu chez elle des transports comme les vôtres.

ALFRED.

C'est la faute de son sexe.

SAINVAL.

C'est possible, je lui ai annoncé que vous aviez été blessé ; son chagrin lui a fait oublier de demander quel était le genre de blessure que vous aviez reçue.

ALFRED.

O ciel ! serait-il vrai ?

SAINVAL, *riant.*

Cela me rappelle l'histoire de cette femme qui ne voulut plus voir son amant parce qu'il était devenu boiteux ; qui sait si votre adorable cousine supporterait une difformité de ce genre. Je suppose, qu'au lieu d'avoir la main dans une écharpe, vous reveniez avec une blessure plus grave ; un bras ou une jambe de moins. *(Après une pause)* écrivez-lui, par exemple, que vous avez perdu... un œil... je gage qu'elle vous réponde de prendre patience et... de l'oublier.

ALFRED.

Quelle folie !...

SCÈNE VII.

SAINVAL, ALFRED, SOPHIE, JUSTINE, *qui, en arrivant, ont entendu les derniers mots.*

JUSTINE, *bas à Sophie.*

Écoutez....

SAINVAL, *à part.*

Bon, il est rêveur !

SOPHIE, *bas à Justine.*

Que disent-ils ?

JUSTINE, *de même, la faisant entrer dans la serre.*

Écoutons !

SAINVAL.

AIR :

Ah ! si vous saviez, mon cher,
A quoi tient l'amour d'une femme !

ALFRED, *à part.*

J'éprouve une peine d'enfer ;
Je l'aimais d'une telle flamme !

Ensemble.

SAINVAL.

Il faut savoir s'en méfier ;
Femme varie,
Fou s'y fie,
Disait jadis François premier.

ALFRED.

A qui désormais se fier,
Si ma Sophie,
Si mon amie
Pouvait aujourd'hui m'oublier ?

SOPHIE ET JUSTINE, *à part.*

L'ingrat ose se méfier
De sa Sophie,
De son amie,
Je veux / Il faut } désormais l'oublier.

ALFRED.

Mettre sa constance à l'épreuve ! et le moyen est si bizarre ! lui écrire que j'ai perdu un œil ? *(souriant.)* il serait plaisant que l'amour d'une femme cessat pour si peu de chose.

JUSTNE, *bas.*

C'est bien assez !

SOPHIE, *bas.*

Je n'y tiens plus. *(Justine lui fait signe de se contenir).*

SAINVAL, *à Alfred.*

On pourrait nous voir ici, allons mettre notre projet à exécution.

ALFRED.

Ah ! si j'allais perdre l'estime de ma Sophie !

SCÈNE VIII.

SOPHIE, JUSTINE, *se mettant en scène.*

SOPHIE, *outrée.*

Oh ! le perfide !

JUSTINE, *ricanant.*

Le petit cousin fait des progrès.

SOPHIE.

Ne te le disais-je pas ? Quelle légèreté ! je ne lui pardonnerai jamais.

JUSTINE.

Il ne faut promettre que ce qu'on peut tenir.

SOPHIE.

Prendre un tel détour ! concevoir un soupçon si injurieux !

JUSTINE, *plaisantant.*

Quel dommage !... ses deux yeux étaient si beaux !

SOPHIE.

Moi qui l'aimais avec une confiance.... et un abandon qui tenait du délire !

JUSTINE, *de même.*

L'amour se peignait dans son regard avec tant de charme !

SOPHIE.

Ah ! Justine, tu tournes en plaisanterie ce qui fait mon tourment ; tu ne sens pas comme moi....

JUSTINE.

Eh, Madame ! voulez-vous vous désespérer parce qu'il plaira à ce jeune homme de commettre une inconséquence ?

SOPHIE.

Une inconséquence de ce genre peut avoir des suites quand la défiance guide un cœur, un amour mal affermis.

JUSTINE.

Vous ne devez pas craindre cela ; Alfred est léger, mais il vous aime sincèrement ; jugez-le plutôt par ses dernières paroles : « ah ! si j'allais perdre l'estime de ma Sophie. »

SOPHIE.

Sa Sophie ! il est vrai ; l'instant de notre séparation que je pouvais croire éternelle, est cause que je lui ai fait aussi l'aveu de ma tendresse. Durant son absence, je ne respirais que pour lui ! et l'ingrat me traite avec une cruauté !

JUSTINE.

Allons, Madame, il y a du remède.

SOPHIE.

Crois-tu que je puisse pardonner une telle injure ? Dois-je m'exposer à de pareils caprices ?

JUSTINE.

Non, l'injure est forte, la punition doit être proportionnée à l'offense. *(réfléchissant.)* Attendez... il vous a tourmentée un moment ; vous allez, sans doute, recevoir une lettre où il vous débitera la fable qu'*ils* ont inventée ; car M. Sainval est encore plus coupable : il a conseillé cette épreuve.

SOPHIE.

Cet homme est si léger ! mais je ne l'aurais pas cru capable...

JUSTINE.

Voulez-vous venir, Madame ? je vous ferai part de mon idée. Allons venger notre sexe outragé.

SCÈNE IX.

LAMBIN, *seul, tenant une lettre et une pièce de 5 fr.*

V'là-t-il une bonne rencontre ! *(il fait sauter la pièce.)* je ne me suis jamais vu aussi riche qu'aujourd'hui... ce grand officier qui a de si belles moustaches m'a dit comme çà : tiens, mon garçon, porte cette lettre au château, j'irai attendre la réponse dans le jardin, et v'là pour toi.... il m'a mis cette pièce dans la main, sans calembourg.. çà m'a bien l'air d'un Napoléon de cinq francs... ce ne serait pas de la fausse monnaie, par hasard ?.. Oh ! non, il a du service, et on dit que les pièces fausses sont toujours neuves, ça ne roule guère... Voyons ce que c'est... *(il frotte la pièce et il épèle)* B. O.. les lettres sont à moitié effacées, B. O. *N. (prononcez neu.)* Il y a bien un *N*.. c'est un peu embrouillé.. Par exemple voilà un *E* assez bien fait ; mais cet R ?... c'est un *R étique*.. quel *pauvre T ;* il ne reste plus qu'un petit filet au *bord de l'o*.. je me trouve noyé là-dedans... ah ! parlez-moi de la tête, au moins !.. c'est bien le portrait de l'empereur... çà n'est pas usé !.. il me semble que cette belle tête ne doit jamais s'effacer !.. il est frappant ! je l'ai vu, moi ! oui, c'est bien lui.. on dirait qu'il est sur l'*argent*, *vif.* Mais allons porter la lettre au château.

SCÈNE X.

ALFRED, *arrivant par la gauche, puis* SAINVAL.

SAINVAL.

Allons, mon ami, calmez-vous.

ALFRED.

Ah ! quel conseil m'avez-vous donné ? une pareille épreuve...

SAINVAL.

En fait d'épreuves, voyez-vous, il est plus prudent de les faire avant, qu'après le mariage.

SCÈNE XI.

LES MÊMES, LAMBIN.

SAINVAL.

Voici la réponse, elle ne s'est pas fait attendre longtemps.

ALFRED, *se précipitant vers Lambin.*

Donne ! *(il revient en scène, Lambin va dans le fond du jardin)*, mon avenir est là ! *(Montrant la lettre.)*

SAINVAL, *impassible.*

Voyons.

ALFRED, *jetant les yeux sur la lettre ouverte.*

Monsieur... *(étonné.)* Monsieur ! ô ciel !

SAINVAL.

Continuez.

ALFRED, *très ému, en lisant.*

« Monsieur, votre lettre me met au désespoir, « et je dois vous parler avec franchise ; je ne « puis faire taire mon cœur qui, je le sens, « est un peu changé par un événement si im- « prévu. Je vous déclare, que je ne vous aime « plus. » *(Il laisse tomber la lettre et reste accablé).*

SAINVAL, *à part.*

Le pauvre garçon est à plaindre, *(d'un ton suffisant et ramassant la lettre.)* Je l'avais prévu, *(à demi-voix)*, il y a un *Post Scriptum : « ce qui me tranquillise un peu sur votre compte; « c'est de voir la facilité avec laquelle vous écri- « vez deux jours après avoir reçu cette cruelle blessure. »*

ALFRED, *se parlant et outré.*

Monsieur.... Ah ! la perfide ! son petit cousin Monsieur.

SAINVAL.

On donne du Monsieur à un borgne.

ALFRED.

Ah ! mon ami, vous aviez raison...... vous le connaissez bien ce sexe léger et perfide ! mais moi jeune, sans expérience, je me livrais avec une bonne foi !... *(marchant.)* O femmes, femmes ! j'apprends à vous connaître, je ne serai plus la dupe maintenant de vos artifices. Vous me déclarez la guerre ?.. eh bien, je saurai me défendre ; mais je vous en préviens, je serai sans pitié !.... Pour commencer ma vengeance, je veux ménager à l'ingrate Sophie une surprise !... je lui dirai que je suis enchanté de l'avoir éprouvée.. que *Monsieur* a encore ses deux yeux... elle sera étonnée, anéantie ! et alors je jouirai de sa défaite.

SAINVAL, *à demi voix.*

C'est bien cela... les phrases obligées.

SCÈNE XII.

ALFRED, SAINVAL, JUSTINE, SOPHIE,

Elles arrivent par une allée de côté et font un mouvement pour sortir dès qu'elles aperçoivent Sainval et Alfred.

ALFRED.

Dieu ! la voici.

SAINVAL, *voyant leur mouvement.*

Notre présence vous fait fuir, Madame ?

SOPHIE, *d'un air indifférent.*

On m'avait dit que vous étiez partis.

ALFRED, *bas, avec une résolution forcée.*

j'aurai ce courage. *(Haut, en lui rendant le médaillon)*, avant de me retirer, *Madame*, j'ai voulu vous rendre ce gage de vos sermens.. *(Sophie le reçoit ; Alfred retournant à sa place)*, ô ciel !...

JUSTINE, *à part.*

Je croyais que le petit cousin aurait mis une grande mouche noire sur l'œil.

SAINVAL, *à part.*

Elles n'ont pas l'air étonnées !

JUSTINE, *riant, à part.*

Voilà une entrevue charmante.

SAINVAL, *les observant.*

AIR :

Je ne les vois pas tressaillir...
Il règne ici quelque mystère.

ALFRED, *sans quitter sa place.*

Allons, Sainval, il faut partir.

SAINVAL.

Moi, je suis à jeun, comment faire ?

Ensemble.

Tout s'arrangera, dieu merci,
Peut-il résister à ses charmes ?
Défier un tel ennemi,
C'est vouloir mettre bas les armes.

ALFRED,

Comment finira tout ceci ?

Puis-je résister à ses charmes ?
Défier un tel ennemi,
C'est vouloir mettre bas les armes.

SOPHIE.

Comment finira tout ceci ?
Il faut prolonger ses alarmes !
On pardonne à son ennemi,
Quand à vos pieds il met ses armes.

JUSTINE.

Tout s'arrangera, dieu merci,
Peut-il résister à ses charmes ?
On pardonne à son ennemi,
Quand à vos pieds il met ses armes.

SAINVAL, *bas à Alfred.*

Mon ami, nous sommes joués.

ALFRED, *troublé.*

Vous pensez?....

SAINVAL, *de même.*

J'en suis sur; je connais les femmes par cœur.

SOPHIE, *finement.*

M. le Capitaine, vous avez laissé passer l'heure du déjeûner...

SAINVAL, *vivement.*

Je ne l'ai pas oublié, et j'avoue que le rôle de confident, à jeun, ne me vaut rien.

SOPHIE, *de même.*

Et celui de conseiller?

SAINVAL.

Encore moins. *(bas à Alfred.)* Tu vois?

ALFRED, *à Sophie.*

Quoi ! ma cousine, vous saviez?...

SOPHIE.

Je savais tout.

ALFRED.

Ah ! n'abusez pas de votre triomphe..... mais je le sens, moi-même, je ne suis pas digne de pardon.

SOPHIE.

Avant d'accorder ce pardon, je veux aussi faire une épreuve.

ALFRED.

Je m'y soumets volontiers.

SOPHIE.

Quand la campagne sera finie.

SAINVAL, *à part.*

A la bonne heure.

ALFRED.

Alors les épreuves, j'y consens, mais aujourd'hui le pardon, je l'implore à vos genoux.

SOPHIE, *souriant.*

Relevez-vous, ce n'est pas la posture d'un héros.

ALFRED.

Vous voulez m'accabler.

SOPHIE.

On annonce qu'un corps d'ennemis s'avance; ces lieux ne sont plus protégés, et on me conseille de me rendre à Paris, avant que les communications ne soient tout à fait interrompues; mes préparatifs sont faits... Messieurs, je ne vous dis pas bon courage, mais bonne chance ! adieu...

SCÈNE XIII.

SAINVAL, ALFRED.

SAINVAL, *à part.*

Cela prend une assez bonne tournure.

ALFRED, *qui suit des yeux Sophie.*

Elle me fuit, et je ne trouve pas une parole pour l'arrêter, pour la convaincre. *(à Sainval).* Ah ! mon ami.

SAINVAL, *à part.*

Je ne sais moi-même que répondre. *(haut).* C'est une boutade qui passera; allons, tranquillisez-vous.

ALFRED.

Vous voulez que je sois tranquille, et elle part.

SAINVAL.

Oui, et le déjeûner aussi. *(réfléchissant).* Ah !.. . l'auberge où nous étions est sur la route de Paris, allons y établir notre quartier général; nous saluerons Mme de Merville à son passage, cela fera un bon effet, venez.

(Il entraîne Alfred).

SCÈNE XIV.

LAMBIN, UN 2me GARÇON.

LAMBIN.

Oh !... là, là, ces gueux de cosaques !.... les voilà à un quart de lieue d'ici.

DEUXIÈME GARÇON.

Toutes les femmes partent pour la ville.

LAMBIN.

Je le crois ben... ils sont si laids !

DEUXIÈME GARÇON.

Et tous les hommes prennent les armes.

LAMBIN, *se donnant des airs de courage.*

Sans doute.

DEUXIÈME GARÇON, *tremblant.*

Il faudra nous armer?

LAMBIN.

Tu me fais l'effet d'un homme qui a peur,

tais-toi donc, imbécile, tu vas me communiquer ton mal.

DEUXIÈME GARÇON.

Si nous étions des hommes, encore.

LAMBIN.

Et dire que nous ne pouvons les venger, ni les défendre, ces chères petites femmes..... nos mères, nos sœurs; elles disent que nous ne sommes que des blancs-becs; et puis, chacun son métier, le militaire est inventé pour mourir glorieusement; et nous, pour cultiver des fleurs; il y a une certaine différence dans le métier, une énorme différence, nous arrosons la terre de nos sueurs, c'est vrai; et le soldat, ne l'arrose que... oh! ça fait mal.

DEUXIÈME GARÇON.

J'aime mieux notre métier.

LAMBIN.

Vive le jardinier fleuriste... son sang ne coule que lorsqu'il cueille un bouquet de roses, et il peut s'en faire un mérite. Cependant il nous faut prendre un parti...

DEUXIÈME GARÇON.

C'est ça, il faut prendre un parti.

LAMBIN.

Oui, mais lequel?

DEUXIÈME GARÇON.

C'est ça, lequel?

LAMBIN.

Eh bien, tu peux te vanter d'être un garçon de ressource; il vaut autant que je tienne conseil à moi tout seul. Oh! quelle idée... il me vient une idée.

DEUXIÈME GARÇON.

Une idée?

LAMBIN.

Oui, et fameuse encore, écoute.... *(On entend des coups de feu.)*

LAMBIN ET LE DEUXIÈME GARÇON.

Oh!... oh!... mon Dieu!...

DEUXIÈME GARÇON.

Nous sommes morts!...

LAMBIN.

Le poltron! je crois qu'il a peur.

DEUXIÈME GARÇON.

Non, non, et toi?

LAMBIN.

Moi? au contraire; il faut faire bonne contenance; j'ai entendu dire à Dupont, qu'une fois qu'on avait essuyé la première décharge, la peur s'en allait; il n'y a rien qui enflamme comme la poudre, sans calembourg, *(coups de feu.)* Oh! mais ça approche; s'ils venaient ici. *(Le 2me Garçon se blottit contre un arbre, Lambin monte sur l'arbre).*

DEUXIÈME GARÇON.

En voici un.

DUPONT,

(traverse le théâtre un fusil à la main.)

Ah! puissé-je être encore utile à ma bonne maîtresse.

DEUXIÈME GARÇON, *à voix basse.*

Lambin, mon cher Lambin, ne vois-tu rien venir?

LAMBIN.

Je ne vois que des soldats sur la route.

DEUXIÈME GARÇON.

Des français?

LAMBIN.

Je crois qu'oui.... v'là Dupont qui va les rejoindre.

DEUXIÈME GARÇON.

Et les cosaques?

LAMBIN.

Les cosaques? ah! j'en aperçois dans le champ au côté; galopent-ils, les coquins!... en voilà d'autres qui courent sur les français... ils attaquent une voiture, *(coup de feu).* En voilà deux... trois qui descendent de cheval,.. deux cavaliers poursuivent les fuyards, je ne me trompe pas... c'est M. Alfred et le Capitaine... on ramène la voiture vers le château. Bravo! M. Alfred, bravo!.. les voici. *(Il descend de l'arbre, et il prend une attitude fière.)* Nous les avons joliment frottés!..... et dire que ces sauvages font peur...... Vivent les gardes d'honneur! vivent les champenois!...

SCÈNE XV ET DERNIÈRE.

DUPONT, JUSTINE, SOPHIE, ALFRED, SAINVAL, LAMBIN, Villageois armés, Gardes d'Honneur.

REPRISE DU CHOEUR. — *Ensemble.*

Honneur à ces jeunes héros,
Défenseurs de notre patrie;
Que le ciel conserve leur vie
Et la gloire de nos drapeaux!

ALFRED.

Honneur, honneur à nos drapeaux!
Ah! pour défendre ma Sophie,
Je devais exposer ma vie,
Et devenir même un héros.

SAINVAL.

Honneur, honneur à nos drapeaux !
Ah ! pour l'amour de sa patrie,
On doit sacrifier sa vie
Et devenir même un héros !

SOPHIE.

Que d'obligations, Messieurs; sans vous j'étais perdue.

SAINVAL.

Madame, tout nous fesait un devoir de vous secourir ; quand à moi, je n'ai pas eu grand mérite à le faire, mais M. Alfred qui a un bras en écharpe.

ALFRED, *regardant Sophie.*

Ne devais-je pas l'oublier ?

SOPHIE.

Je sens tout ce que je dois à M. Alfred.

ALFRED, *avec un doux reproche.*

A Monsieur ?...

SOPHIE, *tendrement.*

A mon cher cousin....

ALFRED.

Je suis trop récompensé si c'est le sceau de mon pardon.

SOPHIE, *de même.*

S'il vous en faut un autre, le voilà. *(Elle lui remet le médaillon, Alfred le reçoit à genoux, et baise la main de Sophie.)*

SAINVAL, *à Sophie.*

Le conseiller, Madame, est-il compris dans l'amnistie ?

SOPHIE.

Amnistie pleine et entière.

REPRISE DU COEUR.

Honneur à ce jeune héros, etc., etc.

SAINVAL, *après avoir lu une lettre qu'une ordonnance ou un paysan lui ont remise.*

Le général m'écrit pour me prévenir que mon détachement sera cantonné dans ce village jusqu'à nouvel ordre ; l'ennemi a repassé la Marne ; il paraît que nous avons eu à faire avec quelques traînards.

SOPHIE.

Puisqu'il en est ainsi, je retarderai mon départ.

ALFRED.

Quel bonheur !

SAINVAL.

Nous aurons le temps de ratifier l'amnistie, *(à part.)* et de déjeûner... il en est temps.

CHOEUR :

AIR : *Combien ma barbe vénérable.*

Pour décider, à l'amiable,
Les articles de ce traité,
Il faut les rédiger à table,
Et leur porter une santé.

SOPHIE, *au public.*

Point de vengeance !
De l'indulgence,
Chacun de nous peut en avoir besoin :
Je vous propose
Une autre clause,
(faisant signe d'applaudir.)
Tout est rompu, si vous ne signez point :
L'auteur de cette comédie
Est, Messieurs, dans un grand souci ;
Comme nous, il veut être aussi
Compris dans l'amnistie.

TOUS.

Comme nous il veut être aussi,
Compris dans l'amnistie.

FIN DU SECOND ET DERNIER ACTE.

VARIANTE.

A la représentation, le couplet de facture a été remplacé par les suivans, et la pièce terminée ainsi :

SOPHIE, *aux villageois.*

Mes amis, il y aura fête aujourd'hui au château, vous y viendrez célébrer la victoire des Gardes d'honneur.

VAUDEVILLE.

AIR : *Connaissez mieux le grand Eugène.*

ALFRED.

Notre noble et belle patrie
Est en butte à mille dangers,
Et voilà son chef qui nous crie :
« Français, à moi! ce sont les étrangers. (*bis.*)
Échappé des bras d'une mère,
Moi, je suis venu, plein d'ardeur,
Pour mériter dans cette guerre
Le beau nom de garde d'honneur. (*bis.*)

SAINVAL.

Épicure, dont la morale
Était fort sage assurément,
Disait: mes amis, rien n'égale
Les plaisirs saisis au moment.
Vous, bonnes gens qui prenez femme,
Je vous souhaite bien du bonheur,
Mais songez-y donc, c'est Madame
Qui sera le Garde d'honneur.

JUSTINE.

Mères, pour préserver vos filles,
Près d'elles vous êtes toujours là ;
Qu'importent vos sermons, vos grilles?..
L'amour se moque de cela.
S'il lui faut un tribut, je pense
Qu'on le doit payer de bon cœur,
Grâces, bonté, vertu, constance,
Ce sont là nos gardes d'honneur.

DUPONT.

En Russie, en Prusse, en Bohême,
Nous avons été sans pass'ports;
Et ces gens-là veulent tout d'même
Nous rendre leur visit' de corps.
Ah ! que bientôt la France entière,
Pour fêter l'insolent vainqueur,
Le reconduise à la frontière,
(*Un geste.*)
Avec une garde d'honneur.

LAMBIN.

Pour moi je n'ai pas grand courage,
J'en conviens, j'suis un peu poltron ;
Est-ce la faute de mon âge,
Et plutard serai-je un luron ?
J'entends parfois dire à la ronde
Qu'on ne guérit pas de la peur,
Mais aussi qu'on voit dans c'bas monde
Des poltrons qui sont gens d'honneur.

DEUXIÈME GARÇON.

Suzon, beauté du voisinage,
Était gentille tout à fait,
Mais on voit maigrir son visage
Et s'enfler son petit corset.
Sur son état chacun l'attaque,
Et vous concevrez son malheur :
On dit qu' c'est un vilain cosaque
Qu'elle a pris pour son gard' d'honneur.

SOPHIE, *au public.*

Sur le destin de son ouvrage,
L'auteur ne tremble pas du tout ;
Vous avez montré du courage
En l'écoutant jusques au bout.
Si dans la salle ou dans la ville
On le siffle, ... c'est un malheur ;
En fesant mal un Vaudeville,
On peut être un homme d'honneur.

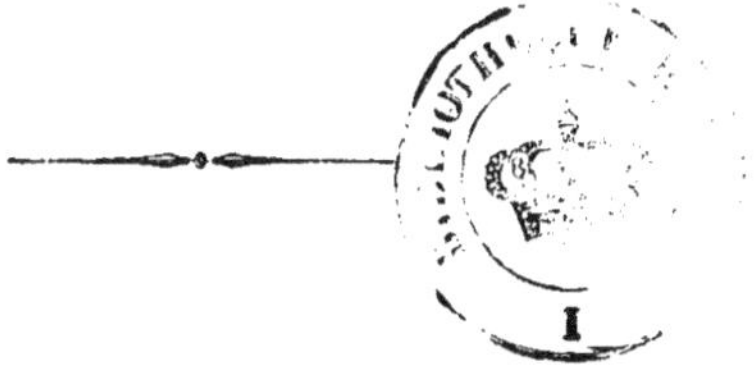

Impr. de F. GELLY, rue Arc-d'Arènes, 1.

www.ingramcontent.com/pod-product-compliance
Lightning Source LLC
LaVergne TN
LVHW010300230826
846091LV00007B/3075
9782329347844